CUENTO DE LUZ

Esta colección de libros infantiles, inspirados en historias reales, nace del corazón y de la unión de la Fundación Lo Que de Verdad Importa y la editorial Cuento de Luz.

Compartimos sueños, ilusión y la misma filosofía de difusión de valores universales.

Esperamos que familias, escuelas, bibliotecas, librerías, grandes y pequeños de muchos rincones del mundo disfruten, se inspiren y se emocionen con su lectura y descubran, si aún no lo saben, lo que de verdad importa.

María Franco
Lo Que de Verdad Importa
www.loquedeverdadimporta.org

Ana Eulate
Cuento de Luz
www.cuentodeluz.com

Lopez Lomong
© 2016 del texto: Ana Eulate
© 2016 de las ilustraciones: Nívola Uyá
© 2016 Cuento de Luz SL
Calle Claveles, 10 | Urb. Monteclaro | Pozuelo de Alarcón | 28223 | Madrid | Spain
www.cuentodeluz.com
ISBN: 978-84-16733-11-8
Impreso en China por Shanghai Chenxi Printing Co., Ltd. agosto 2016, tirada número 1589-1

PAPEL de PIEDRA
SIN ÁRBOLES · SIN AGUA · SIN CLORO

LOPEZ LOMONG

«Todos estamos destinados a utilizar nuestro talento para cambiar la vida de las personas».

Lopez Lomong

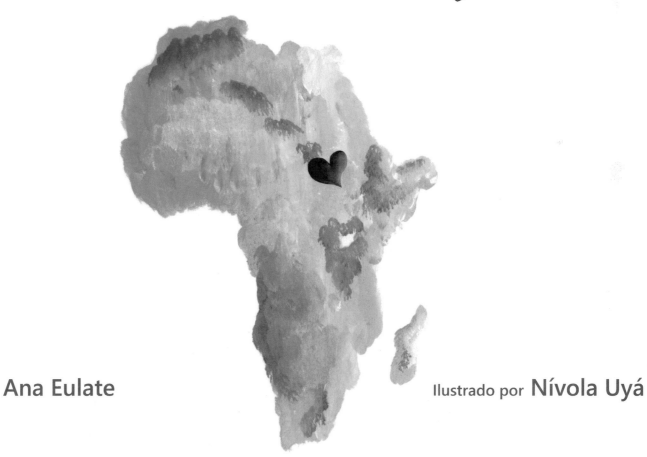

Ana Eulate   Ilustrado por **Nívola Uyá**

El pequeño Simón sostuvo en sus manos el dibujo que acababa de finalizar. Lo miró con una sonrisa blanca y luminosa. El día anterior, un hombre llegado como un ángel, con buenas noticias, cuadernos y lápices de colores, reunió a un grupo de niños al calor de una hoguera. La noche encendió la luna, y también la esperanza en sus corazones al escuchar atentamente el relato del hombre «con manos que ayudan».

Una historia increíble, pero real. Una historia que, mientras la escuchaban, les hizo derramar lágrimas de emoción y también aplaudir con gran entusiasmo.

Era la historia de un niño que, como Simón, había nacido en un poblado muy parecido al suyo, llamado Kimotong, al sur de Sudán. Sus primeros seis años estuvieron llenos de vida en familia, de ganas de ayudar a su padre, Awey Lomong, con el ganado, a su madre, Rita Namana, con sus quehaceres diarios y de ir corriendo a todas partes con sus piernas de gacela. De ahí su nombre, Lopepe, que en la lengua buya significa *veloz*.

Un domingo de verano todo cambió. Se encontraba con sus padres en la ceremonia religiosa que tenía lugar debajo de un gran árbol, cuando un grupo de soldados rebeldes irrumpió formando un gran alboroto. Lopepe sintió el brazo de lo que parecía ser un **gigante**, que lo agarró con gran fuerza y lo arrebató del regazo de su madre. Se lo llevaron junto a muchos más niños en un camión militar por rutas perdidas, tan perdidas como ellos. Con los ojos llenos de lágrimas y dando tumbos a causa de los baches, sintió cómo su infancia se quedaba para siempre en su poblado, en Kimotong.

Encerraron a todos los niños en un barracón. Hacinados, pasaban mucha hambre y las noches eran muy frías. Lopepe, el niño veloz, soñaba con regresar a su casa con su familia.

Hasta que, en medio de tanta oscuridad, se fue encendiendo una pequeña luz. Fue cuando conoció a tres chicos mayores que él, que lo protegerían y se convertirían desde ese momento en sus *tres ángeles*. Ellos fueron los que una noche le prometieron que volvería a ver a su madre. Habían pasado unas tres semanas desde su llegada y pensaban escaparse, huir. Lopepe iría con ellos, pero le advirtieron que tendría que correr mucho, muchísimo, como si se lo llevara el viento. Correr sin mirar atrás. Correr sin poder descansar.

Y así fue. Se escaparon los cuatro sin ser vistos, por un agujero en la alambrada, y corrieron sin descanso como gacelas por la sabana, descalzos, durante tres días.

Llegaron hasta la frontera con Kenia y fueron llevados al campo de refugiados de Naciones Unidas en ese país: Kakuma.

El centro de la recién estrenada vida de Lopepe fue su nueva familia de once niños perdidos como él, con los que compartía la escasa comida y una tienda donde dormían todos juntos. Nunca volvió a saber nada de sus tres ángeles. Sus tres amigos, con los que había huido, desaparecieron.

Lopepe disfrutaba jugando al fútbol, aunque en Kakuma no era un juego, sino una forma de vida. Servía también para distraer el estómago y no pensar en la sensación de hambre que sentía continuamente.

Cada vez llegaban más refugiados y el campo era inmenso. Lopepe empezó a correr todos los días treinta kilómetros, distancia que suponía dar la vuelta alrededor del recinto, mientras esperaba su turno para chutar la pelota. Aunque el calor era sofocante y tenía mucha sed, corriendo se sentía libre y conectado en pensamiento a su madre, que estaba lejos pero bajo el mismo cielo.

KAKUMA

La iglesia del campo de refugiados era un oasis, una ventana a un mundo más grande que Lopepe visitaba los domingos. Era muy importante en su vida. Un lugar especial donde recibió su bautismo, comunión y confirmación el día de Nochebuena.

Un domingo de octubre, el sacerdote de la iglesia les dio una noticia asombrosa: seleccionarían a algunos niños para que pudieran rehacer su vida junto a familias de acogida en Estados Unidos. Para ello, deberían realizar una redacción en inglés. El niño veloz escribió sobre su vida y puso el corazón y el alma en ello. Sus amigos lo ayudaron en la traducción del suajili al inglés.

Sabía que le esperaba otra vida, más allá del perímetro de Kakuma. Mucho más lejos.

Siracusa

Nueva York

Bienvenido!

Aunque lo que realmente ensanchó el horizonte de Lopepe y quedó marcado a fuego en su memoria fue el día que, junto con otros niños de Kakuma, se escapó para ver en la casa de un granjero, en un televisor pequeño en blanco y negro conectado a una batería, sus primeros juegos olímpicos: las olimpiadas del 2000 de Sidney. El corredor Michael Johnson cambiaría su vida para siempre. Las lágrimas y la emoción del momento en el que Johnson subía al podio tras recibir la medalla hicieron sentir a Lopepe que algún día, en un futuro, él también sería un atleta olímpico. Comprendió que su vida podría cambiar para siempre.

Esa noche, al volver solo hacia el campo de refugiados, caminando bajo las estrellas, tuvo esa certeza.

Fue seleccionado y, unos meses después, volaba hacia una nueva vida en Estados Unidos, en un «pájaro de metal», como aquellos que veía de niño sobrevolando el cielo de Kimotong. Había pasado diez años en el campo de refugiados de Kakuma. Ahora todo daba un giro y dejaba atrás el dolor de la guerra, del hambre... aunque también a los amigos que se quedaban.

Rob y Barabara Rogers, su familia de acogida, lo esperaban con una pancarta de bienvenida y muchos abrazos en el aeropuerto de Siracusa, en el estado de Nueva York y en el que sería a partir de ahora su país de adopción: Estados Unidos.

Tras un largo viaje le invadían emociones diversas. ¡Había tanto por descubrir!: ¡una casa enorme nueva, un cuarto, una pelota y una bici para él solo!

Pekín

El Cairo

Nairobi

Esa primera noche durmió con la luz encendida. ¡No sabía que se pudiera apagar algo que te ilumina como un sol con un clic del interruptor!

¡Y qué descubrimiento la ducha al día siguiente! Pero ¡qué fría el agua... o qué caliente! Aunque pronto aprendió a regular la temperatura. ¡Hasta pensó que su piel se volvería blanca de tanto lavarla!

Poco tiempo después de su llegada a Siracusa, la gente empezó a llamarlo Lopez.

Todo le resultaba tan maravilloso que pensaba que debía de haber algún error. Empezó a dejar de sentirse como un niño perdido al ver que, después de tantos años, se preocupaban por él.

Jim Paccia apareció en su vida pocos días después. Era el entrenador de cross del instituto de Tully e intentó convencerlo de que entrara a formar parte de su equipo. Le mostró una camiseta con su apellido inscrito detrás: LOMONG. No fue una decisión fácil... Quería jugar al fútbol, no correr, pero esa camiseta, con su nombre detrás...

¡Aceptó! Tom Carracci, el capitán del equipo de cross, se convertiría pronto en su mejor amigo.

Un día de otoño, cuatro meses después de su llegada, durante un paseo en lancha con sus padres Rob y Barbara por el lago cercano a la casa, descubrió los colores del otoño, el amarillo y rojo de las hojas de los árboles. En Kakuma no existían las estaciones, todo era muy seco y se formaban tormentas de polvo. Cuando Rob paró el motor en medio del lago, Lopez sintió dentro de él una paz inmensa y les abrió su corazón. Les contó toda su historia. Les habló por primera vez de su pasado, de su vida en el campo de refugiados. Les transmitió la soledad y tristeza que había sentido. Descubrió cómo le quería su familia adoptiva, cómo le estaban devolviendo su infancia perdida.

Los Rogers decidieron entonces hacer reformas en la casa para adoptar a otro niño perdido. Primero llegaría Dominic, después Peter y más tarde Alex.

Poco tiempo después, algo realmente emocionante e inesperado ocurrió. Lopez se enteró de que su madre biológica Rita estaba viviendo en Kenia y había ido a buscarlo a Kakuma.

Consiguió su teléfono y, con el corazón resonando como mil tambores, la llamó. Al escuchar el sonido de su voz después de tantos años sintió un vendaval de emociones y las lágrimas se deslizaron por sus mejillas. ¡Ambos estaban vivos! ¡Se habían reencontrado!

Quedaron en que volverían a verse en cuanto pudieran. Los separaba una larga distancia y, además, Lopez debía irse pronto a estudiar a la Universidad de Norfolk y después a la Universidad del Norte de Arizona, más especializada en atletismo.

El camino hacia su sueño como atleta de élite se dibujaba en su vida cada vez con más claridad. Lomong dejó grabadas las huellas de sus pasos en esa senda el día en que ganó su primera carrera de 1500 metros.

La felicidad lo invadió cuando obtuvo la nacionalidad norteamericana y, poco después, al conocer que sería invitado a Kenia para reencontrarse con su madre biológica, Rita. Un momento muy emocionante que ella festejó bailando y rociándolo con harina fermentada. Más tarde, junto a sus padres, viajó a su aldea, Kimotong, donde todos lo esperaban para celebrar que aquel niño que daban por muerto había vuelto a la vida.

Lopez regresó a Estados Unidos con el corazón emocionado y un anillo de cuentas de colores verde, amarillo y negro que su madre biológica le había regalado. Un anillo que llevó orgulloso cuando fue abanderado de la selección norteamericana en los Juegos Olímpicos de Pekín, donde competía como atleta.

Mientras sujetaba con inmenso orgullo la bandera, pasaron por su mente muchos momentos vividos: la decisión de dejar la universidad para convertirse en atleta profesional, el esfuerzo, la disciplina, el coraje, las lesiones y la sonrisa de Britanny... su amor.

Tres años después, aquel niño que escribía en la tierra de Kakuma con un palo se graduó en la Universidad del Norte de Arizona con la emoción que produce sentir y saber **lo que de verdad importa**, y que cuando se lucha con ilusión y tesón, nada puede interponerse en el camino de tus sueños.

Simón estaba feliz. El hombre había venido de muy lejos con lápices de colores, cuadernos y buenas noticias. La Fundación Lopez Lomong traería agua a su poblado. El agua es vida y la suya desde la noche anterior había cambiado.

Él también llegaría algún día a correr tras un sueño. **Su sueño**. Como el del niño perdido de la historia que les contó el hombre llegado desde muy lejos.

Simón contempló su dibujo de nuevo y sonrió. Ese niño perdido, convertido en un atleta olímpico años después, era él, Lopez, ¡el hombre «con manos que ayudan»! Lo había dibujado subido al podio, emocionado hasta las lágrimas, recibiendo una medalla que brillaba más que el sol: la medalla que la vida te entrega cuando alcanzas tu sueño.

Sobre la *Fundación Lo que de Verdad Importa*

La Fundación Lo Que De Verdad Importa tiene como fin la difusión de valores universales en la sociedad.

Su principal proyecto son los congresos Lo Que De Verdad Importa, dirigidos a jóvenes.

Cada año se realizan en ocho ciudades en España y en más de seis países. En ellos, varios ponentes comparten sus historias de vida, reales e inspiradoras que nos invitan a descubrir lo que verdaderamente es importante en la vida. Como la de este libro que tienes en tus manos.

Puedes acompañarnos, escuchar más testimonios y conocernos un poco más en www.loquedeverdadimporta.org

¡Nos encantará tu visita!

María Franco
Fundación Lo que de Verdad Importa